BEI GRIN MACHT SICH IHR
WISSEN BEZAHLT

- Wir veröffentlichen Ihre Hausarbeit,
  Bachelor- und Masterarbeit

- Ihr eigenes eBook und Buch -
  weltweit in allen wichtigen Shops

- Verdienen Sie an jedem Verkauf

Jetzt bei www.GRIN.com hochladen
und kostenlos publizieren

Systematik und Prinzipien des Sozialdatenschutzes

Martin Kleefeldt

Bibliografische Information der Deutschen Nationalbibliothek:

Die Deutsche Nationalbibliothek verzeichnet diese Publikation in der Deutschen Nationalbibliografie; detaillierte bibliografische Daten sind im Internet über http://dnb.d-nb.de abrufbar.

ISBN: 9783346320759
Dieses Buch ist auch als E-Book erhältlich.

Druck und Bindung: Books on Demand GmbH, Norderstedt Germany
Gedruckt auf säurefreiem Papier aus verantwortungsvollen Quellen

Das vorliegende Werk wurde sorgfältig erarbeitet. Dennoch übernehmen Autoren und Verlag für die Richtigkeit von Angaben, Hinweisen, Links und Ratschlägen sowie eventuelle Druckfehler keine Haftung.

Das Buch bei GRIN: https://www.grin.com/document/975888

B.a. Martin Kleefeldt

Hausarbeit Aufgabe B

SRH Fernhochschule - The Mobile University
Langestr. 19
88499 Riedlingen

Inhaltsverzeichnis

1.0) Definition des Sozialgeheimnisses

Das Sozialgeheimnis ist im allgemeinen Teil des SGB I unter § 35 zu finden und bezieht sich auf den Umgang mit entsprechenden Daten. Demnach hat jeder Klient einen Anspruch darauf, dass die über ihn erhobenen Informationen nicht unbefugt von den Leistungsträgern weitergegeben oder verarbeitet werden. Leistungsträger und Leistungserbringer haben sicherzustellen, dass Sozialdaten nur Befugten zugänglich sind. Dies gilt auch innerhalb der besagten Institutionen. Liegen z.b. über Angestellte und deren Angehörige Sozialdaten vor, dürfen diese weder von Zugriffsberechtigten noch von anderen Personen an die Personalabteilung weitergeben werden (vgl. Nomos 2019, S, 1394). Dies stellt sicher, dass Personalentscheidungen nicht auf der Grundlage von Sozialdaten erfolgen dürfen. So können Personen einen entsprechenden Rechtsanspruch auf den sicheren Umgang mit ihren Daten auch vor den Verbänden der Leistungsträger, der Arbeitsgemeinschaften der Träger und ihrer Verbände, der deutschen Rentenversicherung, im Gesetzbuch aufgeführten öffentlich-rechtlichen Vereinigungen, Integrationsfachdiensten, der Künstlersozialkasse und der Deutschen Post AG (soweit es um Sozialleistungen geht), geltend machen. Auch der Zoll, die Versicherungsämter und Gemeindebehörden sowie Adoptionsvermittlungsstellen sind rechtlich zum gesicherten Umgang mit Sozialdaten verpflichtet (vgl. Nomos 2019, S, 1394). Auch ehemals Beschäftigte aus entsprechenden Berufsfeldern sind dazu verpflichtet, das Sozialgeheimnis zu wahren. Das zweite Kapitel des SGB X regelt den Umgang mit- und die Verarbeitung von sozialen Daten, soweit keine anderen EU-Verordnungen zu beachten sind (vgl. Nomos 2019, S, 1394). Weiter heißt es in § 35 SGB I Abs. 3, dass falls eine Übermittlung von Sozialdaten unzulässig ist, keine Auskunfts- und Zeugnispflicht besteht und keine Herausgabe oder Weitergabe von entsprechenden Schriftstücken oder sonstigen Daten erfolgen darf. Betriebs- und Geschäftsgeheimnisse sind sozialen Daten gleichzusetzen. Weiter regelt § 35 SGB I Abs. 5 den Umgang mit Daten von Verstorbenen. Diese dürfen unter bestimmten Voraussetzungen (Zweites Kapitel SGB X) verarbeitet werden, insbesondere wenn schutzwürdige Interessen des Verstorbenen und seiner Angehörigen dadurch nicht verletzt werden (vgl. Nomos 2019, S, 1394).

3

2.0)   Die Definition sozialer Daten

Unter § 67 SGB X wird eine genaue Begriffsbestimmung durchgeführt. Dort heißt es:

„Sozialdaten sind personenbezogene Daten (Artikel 4 Nummer 1 der Verordnung (EU) 2016/679), die von einer in § 35 des Ersten Buches genannten Stelle im Hinblick auf ihre Aufgaben nach diesem Gesetzbuch verarbeitet werden. Betriebs- und Geschäftsgeheimnisse sind alle betriebs- oder geschäftsbezogenen Daten, auch von juristischen Personen, die Geheimnischarakter haben (Beck 2017, S, 1565)."

Grundsätzlich sind Sozialdaten Einzelangaben über die Person oder sachliche bzw. sonstige Verhältnisse eines Sozialversicherten, welcher in einem Leistungsverhältnis mit einem Träger steht. Als Sozialdaten würden z.B. die Anschrift einer Person, Krankheiten, Geburtsdatum, Versicherungsverhältnis, Verdienst, Beruf, Zahl der Kinder, Arbeitgeber, stationäre Maßnahmen sowie Familienstande gelten. Die besagte Person musste die Daten dabei im Rahmen der Mitwirkungspflicht herausgeben. (vgl. Wassmann 2018, S, 67).

3.) Bedeutung des Datenschutzes im Allgemeinen

Die Bedeutung des Datenschutzes ist ein weiter und unübersichtlicher Bereich und sicher auch nicht jedem vollumfänglich bewusst. Die Tatsache, dass sich viele Menschen überhaupt nicht mit dem Umgang ihrer Daten beschäftigen, spielt dabei den Profiteuren direkt in die Hände. Um die Bedeutung des Datenschutzes zu klären, sollte als erstes einmal klargestellt werden, was genau man unter Daten versteht. Im Strafgesetzbuch wird der Begriff in § 263a & § 269 definiert. Daten sind demnach:

Daten im Sinne des § 269 StGB sind alle codierten oder codierbaren Informationen, die entweder bereits elektronisch, magnetisch oder sonst nicht unmittelbar wahrnehmbar gespeichert sind oder in entsprechender Weise gespeichert werden sollen (Buchert 2020, S,1).

Es sei an dieser Stelle angemerkt, dass die Informatik und andere wissenschaftliche Disziplinen teilweise leicht abweichende Definitionen verwenden. Zudem ist anzumerken, dass die Informatik als Fach aus der sogenannten Nachrichtentechnik entstanden ist. Der Begriff Nachrichtentechnik hat eine bestimmte Konnotation und es wird daraus sichtbar, warum Daten und Informationen begehrte Waren sind. Denn Daten, sind sie einmal erhoben, können in Informationen verwandelt werden. Liegen genügend Informationen vor, entsteht daraus Wissen (vgl. Arnold 2020, S, 7f.). Sehr anschaulich kann dieser Prozess an der Wissenspyramide von Fuchs-Kittowski nachempfunden werden. Aus dem generierten Wissen werden Handlungen und Entscheidungen generiert. So bringt Fuchs-Kittowski in seinem Modell das gewonnene Wissen mit dem Bereich des Devisenkaufs und Aktienhandel in Verbindung (vgl. Arnold 2020, S, 9). Im Volksmund wird Wissen mit Macht in Verbindung gebracht. Das eigentliche Zitat („For knowledge itself is power") stammt dabei von dem britischen Philosophen Francis Bacon (vgl. Büchmann 1972, S, 436). Wer Wissen besitzt kann herrschen und Macht ausüben. Auch komplexe Phänomene wie Geschichtsschreibung sind von Informationen und deren Interpretation abhängig. Hier geht es auch darum, wer die besagten Informationen interpretiert. Der Begriff der Deutungshoheit ist hier anzuführen.

„Wer die Macht über die Geschichte hat, hat auch Macht über Gegenwart und Zukunft." (George Orwell 1984)

Die Nationalsozialisten waren erfolgreich, weil sie den Volksempfänger einer breiten Masse zugänglich machten und so ihre Informationen, oder vielmehr ihre Propaganda verbreiten konnten. Im US-Amerikanischen Wahlkampf geht es maßgeblich darum, den politischen Gegner mit schädlichen „Informationen" bloß zu stellen. Auch der neumodische Begriff der „Fake-News" oder „Alternativen Fakten" sei hier noch angeführt. Nicht immer sind die Akteure dieser Entwicklung Staaten, sondern vor allem private Interessengruppen. So ist die Firma Alphabet (Google) neben der größten Suchmaschine auch die weltweit größte Werbefirma. Dabei arbeitet Google vor allem mit privatisierter Werbung. Außerdem ist die Firma führender Anbieter bei Web-Browsern, betreibt einen eigenen Mailservice (Gmail) und besitzt die global größte Videoplattform (Youtube). Dies macht Alphabet zu einem der mächtigsten Unternehmen der Welt (vgl. Schmidt 2018, S, 2). Diese Dienste ermöglichen es Alphabet die Userdaten von über 1 Milliarde Menschen monatlich zu sammeln und auszuwerten. Dabei sammelt Alphabet auf unterschiedliche Art Daten. Oftmals gibt der Benutzer durch die Suchabfragen bereits Daten an Google ab. Allerdings senden viele Anwendungen, oft ohne das Wissen der Benutzer, Daten an den Mutterkonzern. Besonders betroffen sind android-basierte Smartphones. So konnte in einer Studie an der Vanderbilt University nachgewiesen werden, dass Alphabet selbst bei einem neuen Google-Konto an einem Tag Informationen über den Standort des Benutzers, alle Suchabfragen,

Daten über gekaufte Waren, zurückgelegte Wegstrecken und den Musikgeschmack des Benutzers, meist über sogenannte Trackingcookies, speicherte (vgl. Schmidt 2018, S, 3). Das Android-Betriebssystem nimmt in der Datensammlung eine Schlüsselrolle ein und sendet monatlich vor allem personenbezogene Daten von circa 2 Milliarden Benutzern an Alphabet. Da der Chrome-Browser sowohl auf allen android-basierten Smartphones aber auch auf vielen Betriebssystemen installiert ist, sendet auch er entsprechend viele Daten. In der Studie konnte nachgewiesen werden, dass selbst bei einem stationären Smartphone 360 Mal am Tag Daten an Alphabet gesendet wurden (vgl. Schmidt 2018, S, 3). Es sei an dieser Stelle schnell bemerkt, dass die Studie zu dem Ergebnis kam, dass apple-basierte Systeme und Smartphones mehr Sicherheit als Android bieten. Die wahre Königsdisziplin im Datenschutz ist das Betriebssystem Linux, welches nur für technisch interessierte Menschen Sinn macht. Zusammenfassend lässt sich über Google sagen:

„Google counts a large percentage of the world's population as its direct customers, with multiple products leading their markets globally and many surpassing 1 billion monthly active users. These products are able to collect user data through a variety of techniques that may not be easily graspable by a general user. A major part of Google's data collection occurs while a user is not directly engaged with any of its products. The magnitude of such collection is significant, especially on Android mobile devices. And while such information is typically collected without identifying a unique user, Google distinctively possesses the ability to utilize data collected from other sources to de-anonymize such a collection (Schmidt 2018, S, 36)"

Im Nachtrag sei hier angemerkt, dass Alphabet gerade den ersten Quantencomputer entwickelt hat. Dieser konnte ein Problem, für welches ein normaler Supercomputer 10.000 Jahre gebraucht hätte in 200 Sekunden lösen (vgl. tagesschau.de).

Jeder Bürger der Bundesrepublik Deutschland hat das Recht auf informelle Selbstbestimmung. Allerdings gibt es dazu kein direktes Grundrecht. Vielmehr leitet das Bundesverfassungsgericht das Recht aus den allgemeinen Persönlichkeitsrechten (Art. 2 Abs.1 i.V.m. Art. 1 Abs.1 GG) ab. Unter dem entsprechenden Recht ist zu verstehen, dass jeder Bürger selbst über seine Daten entscheiden und verfügen darf und diese staatlich zu schützen sind (vgl. Grundrechteschutz.de). Es sei an dieser Stelle danach gefragt, ob der Staat überhaupt in der Lage dazu ist seine Bürger vor solchen privaten Akteuren zu schützen. Technik entwickelt sich ständig weiter, während Staaten immer als ein „Konstrukt der Vergangenheit" zu verstehen sind. So mancher Politiker der etablierten Volksparteien hat schon sein Unwissen über „*dieses Internet*", zur Freude der Netzgemeinschaft preisgegeben. In diesem etwas plakativ und spöttisch dargestelltem Sachverhalt verbirgt sich allerdings eine große Gefahr. Die Bürger sollten sich darauf verlassen können, dass der Staat sie vor Datendiebstahl schützt. Nicht vollumfänglich genug scheint den Staaten die Macht der Technologiekonzerne bewusst zu sein. Deren Macht zu unterbinden stellt dabei eine Mammutaufgabe dar, welche allerdings dringend in Angriff genommen werden sollte (vgl. Tagesspiegel.de). Insbesondere Deutschland hinkt im Ausbau der digitalen Infrastruktur stark hinterher. Dies führt dazu, dass die heranwachsende Generation nicht ausreichend und vor allem kritisch über den Umgang mit digitalen Medien, also letztlich auch ihren Daten, unterrichtet werden kann.

Aber auch die Bundesregierung selbst wurde und wird vermehrt Opfer von Spionageangriffen. Anfang des Jahres 2013 enthüllte der amerikanische „Whistleblower" Edward Snowden verschiedene Dokumente der NSA, wonach diese zusammen mit dem Geheimdienst des Vereinigten Königreiches, das gesamte Internet verdachtsunabhängig überwachen. Dies führte zu erheblichen diplomatischen Spannungen (vgl. Gallagher). Während der Enthüllung berichteten als erstes die Zeitungen *The Gurdian* und die *Washington Post* über die dazu verwendeten amerikanischen Programme (PRISM & Boundless Informant). Die genannten Programme sind in der Lage die weltweite Internetkommunikation zu überwachen (vgl. Kuhn 2015, S, 1). Zur Zeit der Enthüllung war das mediale Echo groß und alle Parteien stiegen empört in die Diskussion ein. Allerdings muss davon ausgegangen werden, dass zumindest einige staatliche Stellen längst informiert waren. Denn bereits zu Adenauers Zeiten wurden den Besatzungsmächten, in Form eines sogenannten Überwachungsvorbehaltes, weitreichende Befugnisse eingeräumt. Demnach hatte die NSA schon immer das Recht, den westdeutschen Post- und Fernmeldeverkehr zu kontrollieren und heute damit auch die Datenströme des Internets.

„[...] im Jahr 1952, wurde von der US-Regierung eine geheime Organisation von Orwell'schem Format gegründet, die fortan in Europa, von alliierten Sonderrechten ermächtigt, weitgehend nach eigenem Gutdünken operieren konnte. Das Fernmeldegeheimnis gelte in der BRD nichts: „Wer immer zwischen Nordsee und Alpen zum Telefonhörer greift, muss gewärtig sein, dass auch die NSA in der Verbindung ist – Freund hört mit." Dass auf westdeutschem Boden „offenbar mit Wissen und Billigung der Bundesregierung jeder Piepser abgehört wird", gelte unter Geheimdienstexperten als sicher (vgl. Spiegel.de)".

Was sich im ersten Moment wie eine Verschwörungstheorie anhört, hält allerdings einer Überprüfung stand. Die zugehörigen amerikanischen Einrichtungen können an vielen Orten innerhalb Deutschlands „besichtigt" werden. Die Zeitschrift der Spiegel führt als Quelle die von E. Snowden veröffentlichten Dokumente an (vgl. Spiegel.de). Man kann also nur zu dem Schluss kommen, dass ein vollumfängliches Post- und Fernmeldegeheimnis sowie das modernere Recht auf informelle Selbstbestimmung nicht existieren. Der US-Geheimdienst führte als Rechtfertigung die Bekämpfung des internationalen Terrorismus an. Es sei zudem angemerkt, dass nicht nur die USA auf der Jagd nach Daten sind. Vielmehr arbeiten wohl alle Länder und deren Geheimdienste nach diesen Methoden.

Im anfänglichen Kapitel wurde bereits erläutert, dass Sozialdaten den Geschäfts- und Betriebsdaten gleichzusetzen sind. So kommt das Bundesamt für Verfassungsschutz, welches unter Anderem die Rechte des sogenannten Bundestrojaners erweitern möchte, zu dem Schluss, dass der deutschen Wirtschaft jährlich ein Schaden von 55 Milliarden Euro durch Datendiebstahl also Industriespionage entsteht. Laut der Studie sind die Täter dabei wie folgt zusammengesetzt: 21 Prozent sind Hobbyhacker, 3 Prozent Nachrichtendienste, 23 Prozent Osteuropa, 20 Prozent China und weitere 18 Prozent aus Russland. Der Rest kann nicht identifiziert werden. Es ist allerdings davon auszugehen, dass der Anteil der Nachrichtendienste an den begangenen Straftaten höher liegt, da diese sehr schwer zu überführen sind (vgl. Verfassungsschutz.de).

Vor allem China bedient sich auf dem Weg zur weltweiten Vorherrschaft der Industriespionage. Der Verfassungsschutz sieht China in diesem Bereich als den größten Akteur an. Demnach unterhält das Reich der Mitte eines den USA mindestens ebenwürdiges Spionagenetzwerk (vgl. zdf.de).

Aber auch die deutsche Bundesregierung selbst hat Interesse an den Daten ihrer Bevölkerung und versuchte mehrmals, ebenfalls zum Zwecke der Terrorbekämpfung, eine vollumfängliche Vorratsdatenspeicherung einzuführen. Letztmalig entschied das Bundesverfassungsgericht allerdings, dass der Europäische Gerichtshof zu prüfen hätte, ob die Vorratsdatenspeicherung gegen EU-Recht verstoße. Bis dahin bleibt die anlasslose Speicherung aller Verbindungsdaten durch die Provider ausgesetzt. Die Kernfrage bleibt hier, ob die grundlose Speicherung sensibler Daten gegen das Grundrecht verstößt (vgl. Netzpolitik.org). Im Grunde ist das Argument vieler Juristen und auch des Verfassungsgerichtes einfach nachzuvollziehen. Bloß weil im

Straßenverkehr Straftaten begangen werden, werden noch lange nicht alle Straßen überwacht. Für das Internet müsse also Selbiges gelten. Zudem könne nicht einfach die gesamte Bevölkerung unter Generalverdacht gestellt werden. Schließlich würde die Überwachung auch Menschen und sicherlich deren Mehrheit außerhalb der organisierten Kriminalität treffen (vgl. Netzpolitik.org).

Zu den von staatlicher Seite her zu erwähnenden Maßnahmen gehört in der Diskussion um Datenschutz letztlich auch der sogenannte Bundestrojaner. Im Grunde handelt es sich dabei um ein Programm für Onlinedurchsuchungen, welches von der Polizei auf den Rechner einer verdächtigen Person hochgeladen werden kann, um Daten zu erfassen. Bisher dufte die Polizei dies nur, ähnlich wie bei einer Hausdurchsuchung, aufgrund der entsprechenden Rechtsgrundlage (§ 170 Abs. 1 StPO / hinreichender Tatverdacht). Nun soll aber auch der Verfassungsschutz weitreichende Rechte zur Onlinedurchsuchung erhalten und damit vor allem verschlüsselte Chats- und WhatsApp-Gruppen überwachen (vgl. Flade 2019, S, 1). Auch soll der Bundestrojaner wesentlich häufiger in der Polizeiarbeit zum Einsatz kommen und zum Beispiel auch bei Alltagsdelikten Verwendung finden. Wieder käme ein solcher Einsatz von Überwachungssoftware mit dem Grundgesetz in Konflikt und so betonte das Bundesverfassungsgericht bereits 2016, dass nur bei einem ausreichenden Verdacht der Trojaner zum Einsatz kommen darf (vgl. tagesschau.de).

Neben multinationalen Konzernen wie Alphabet und dem Staat gibt es allerdings noch eine dritte Gruppe, welche für Privatpersonen und deren Daten wohl unmittelbar am gefährlichsten sein dürfte. Denn das erklärte Ziel dieser Gruppe ist der illegale Diebstahl der personenbezogenen Daten, um damit Straftaten zu begehen. Gemeint sind hier Hacker sowie Personen aus der organisierten Kriminalität.

Die Angriffe sind dabei oftmals sehr vielfältig. Die gängigste Methode ist das sogenannte Phishing, also das Abfangen persönlicher Daten. Diese Methode wird oft verwendet, um Daten eines Online-Banking-Accounts oder Kreditkarteninformationen zu stehlen.

Anschließend werden die abgefangenen Daten dann auf illegalen Onlineshops verkauft. Aber auch Datenveränderungen zur Täuschung im Rechtsverkehr, sowie Identitätsdiebstahl sind beliebte Methoden der Hacker. Um direkten finanziellen Schaden zu verursachen wird oft die sogenannte DDos-Attacke verwendet. Bei dieser Attacke wird ein gegebenes Netzwerk durch eine unendliche Anzahl an Anfragen (Pings) überlastet bis eine Webseite (z.B. einer Firma) der Attacke nicht mehr standhalten kann und daher „offline geht". Anschließend erpressen die Hacker Geld, um im Gegenzug die Attacke zu beenden. Auch falsche Onlineshops werden häufig verwendet. Der Kunde überweist Geld, bekommt aber nie eine Ware (vgl. Rouse 2020, S, 1). Außerdem stehlen Hacker generell gerne sensible Daten, um damit Geld von Privatpersonen zu erpressen, oder sich Zugang zu bestimmten Bereichen oder Systemen zu verschaffen. Besonders gefürchtet ist die sogenannte Social-Engineering-Attacke. Über Social-Media-Plattformen und Email-Accounts, sowie andere Dienste werden hochrangige Personen ausgespäht. Die gewonnenen Daten werden dann verwendet, um sich Zugang zu geschützten Bereichen zu verschaffen. Social-Engineering hat dabei nicht automatisch etwas mit Social-Media zu tun. Vielmehr geht es darum, die Schwachstelle „Mensch" in einem gegebenen System, gezielt auszunutzen. So fällt auch die gezielte mündliche Beeinflussung zur Herausgabe sensibler Daten unter diesen Bereich (vgl. Rouse 2020, S, 1).

Auch die sozialen Daten von Privatpersonen können für ähnliche Attacken verwendet werden. Die Liste möglicher Szenarien kann dabei niemals vollständig sein.

An dieser Stelle sollte nun jedenfalls klar geworden sein, welche Bedeutung der Datenschutz einzunehmen hat. Wir haben gesehen, dass weder multinationale Konzerne, noch der Staat oder das organisierte Verbrechen vor naiven Vorstellungen („Ich habe ja nichts zu verbergen!") halt machen. Die abgefangenen Daten werden immer verwendet, um eine der oben genannten Aktionen durchzuführen.

Zudem muss auch danach gefragt werden, wie der Austausch von Daten stattzufinden hat. Wären alle Träger sozialer Leistungen, Krankenkassen, Unfallkassen und so weiter miteinander verknüpft, könnte dies gravierende Folgen für bestimmte Personengruppen haben. Somit wird auch klar, warum zum Beispiel bestimmte Daten unter Verschluss zu halten sind. Man denke nur an Personalentscheidungen aber auch die Vergabe von Baukrediten oder Ähnliches. Denn stünde der Bank oder der Personalabteilung eventuell die Information -*trockener Alkoholiker*- zur Verfügung, würde dies Einfluss auf die Entscheidung haben. Es muss sich letztlich jeder selbst überlegen, wie er mit seinen Daten umgehen möchte. Allerdings sei hier auch angemerkt, dass gerade Klienten in der Sozialen Arbeit aber auch Privatpersonen sich oftmals nicht selbstständig und ausreichend schützen können.

An dieser Stelle muss der Staat aktiv werden und auch die Soziale Arbeit als Profession hat hier entsprechend zu handeln und die personenbezogenen Daten ihrer Klienten zu schützen. Daher führt das SGB X im 2. Kapitel explizit auf, wie mit den entsprechenden Daten umzugehen ist.

4.) Systematik und Prinzipien des Sozialdatenschutzes SGB X Kapitel 2

Die Begriffsbestimmung zu Sozialdaten und Daten im Allgemeinen hat bereits weiter oben in der Arbeit stattgefunden. Daher soll hier als erstes die grundlegende Systematik des SGB X zum Sozialdatenschutz dargestellt werden. Im Grunde beginnt das Thema Sozialdatenschutz im SGB X im zweiten Kapitel (Schutz der Sozialdaten).

Als erstes wird unter § 67 Abs. 1 (siehe oben) die Begriffsbestimmung (Sozialdaten) durchgeführt. Anschließend werden alle restlichen und zum Datenschutz relevanten Begriffe ebenfalls erklärt und festgelegt (vgl. Beck 2017, S, 1589).

Der zweite Abschnitt beschäftigt sich mit der Verarbeitung von Sozialdaten. So regelt § 67a (Erhebung von Sozialdaten) welche Institutionen (z.b. § 35 SGB I) überhaupt Daten erheben dürfen. Zudem wird klargestellt, unter welchen Umständen dies zu erfolgen hat und wie Betroffene mitwirken, (z.b. Aufgrund einer Rechtsgrundlage) oder über die Erhebung unterrichtet werden müssen (vgl. Beck 2017, S, 1590).

Weiter regelt § 67b die Speicherung, Veränderung, Nutzung, Übermittlung, Einschränkung der Verarbeitung und Löschung von Sozialdaten. Demnach dürfen die im Gesetzbuch genannten Stellen entsprechend handeln, wenn eine Rechtsvorschrift dies anordnet. Die Übermittlung von biometrischen-, genetischen- und Gesundheitsdaten ist nur zulässig, wenn eine gesetzliche Übermittlungsbefugnis (§ 68 bis 77) oder eine andere Rechtsvorschrift vorliegt. Für die Verarbeitung der Daten ist eine schriftliche Einwilligung des Betroffenen einzuholen. Es ist über den Zweck der Verwendung der Daten sowie über eine eventuelle Verweigerung der Einwilligung hinzuweisen. Auch das Widerrufsrecht von Seiten des Betroffenen wird hier geregelt (vgl. Beck 2017, S, 1590).

Außerdem regelt § 67 c die Zweckbindung, sowie Speicherung, Veränderung und Nutzung zu anderen Zwecken. Demnach ist in diesem Zusammenhang die Nutzung der Daten durch entsprechende Stellen zulässig, wenn dies zur Erfüllung der entsprechenden Aufgaben beiträgt. Die Daten dürfen nicht für einen anderen Zweck verwendet werden. Wann die von einer Stelle erhobenen Daten für andere Zwecke gespeichert, verändert oder genutzt werden dürfen, regelt der weitere Verlauf des Paragraphen. So dürfen die Daten unter bestimmten Voraussetzungen für wissenschaftliche Forschungen verwendet werden. Weiter ist eine Speicherung, Veränderung oder Nutzung von Sozialdaten zulässig, wenn dies zur Kontrolle der erhebenden Stelle (z.B. Rechnungsprüfung oder Organisationsuntersuchung) erforderlich ist. Bei der bereits angesprochenen wissenschaftlichen Nutzung der Daten ist auf eine Anonymisierung zu achten (vgl. Beck 2017, S, 1591).

Weiter beschäftigt sich der zweite Abschnitt von § 67d bis § 78 mit der Übermittlung von Sozialdaten. Die rechtlichen Bestimmungen zur Übermittlung und Offenbarung von Sozialdaten werden im weiteren Verlauf der Arbeit gesondert beschrieben.

Im dritten Abschnitt des zweiten Kapitels werden besondere Datenverarbeitungsarten angesprochen. So beschäftigt sich § 79 mit der Einrichtung automatisierter Verfahren zur Übermittlung von Sozialdaten. So ist der Datenaustausch zwischen den in § 35 SGB I genannten Stellen und dem Deutschen Rentenversicherungs-Bund zulässig, wenn die schutzwürdigen Interessen der Betroffenen nicht verletzt werden. Außerdem dürfen auch Daten zur Erfüllung von Aufgaben nach dem Einkommenssteuergesetz neuerdings automatisiert erhoben und ausgetauscht werden. Es findet eine Kontrolle der entsprechenden Stellen durch eine Fachaufsichtsbehörde statt (vgl. Beck 2017, S, 1602). Dabei haben die Stellen zu gewährleisten, dass der Ablauf des automatisierten Verfahrens auf Abruf kontrolliert werden kann. Es muss stets der Anlass und Zweck des Datenabrufs dokumentiert werden. Werden Daten an Dritte übermittelt, haben die Stellen dies ebenfalls zu vermerken. Auch die Art der übermittelten Daten muss aufgezeichnet werden. Die speichernde Stelle muss entsprechende Übermittlungen vermerken (vgl. Beck 2017, S, 1602).

§ 80 regelt die Verarbeitung von Sozialdaten im Auftrag. Die Erteilung eines solchen Auftrages ist demnach nur zulässig, wenn der Verantwortliche seiner Rechts- oder Fachaufsichtsbehörde den Auftragsverarbeiter sowie verwendete technische und organisatorische Maßnahmen, die Art der Daten und die zugehörigen Personen und die durch den Auftrag zu erfüllende Aufgabe, schriftlich oder elektronisch anzeigt. Der Abschluss von Unterauftragsverhältnissen muss ebenfalls angezeigt werden. Dies gilt besonders für öffentliche Stellen. Der Auftrag zur Verarbeitung darf nur erteilt werden, wenn die Verarbeitung im Inland oder einem anderen EU-Staat stattfindet. Ist dies nicht der Fall, muss der Ort der Auftragsbearbeitung einem EU-Staat, i.S.d. § 35 Abs. 7 des ersten Buches, gleichgestellt sein. In einem Nicht-EU-Staat oder einer internationalen Organisation ist die Verarbeitung nur zulässig, wenn ein Angemessenheitsbeschluss gemäß Artikel 45 der Verordnung (EU) 679/2016 vorliegt (vgl. dejure.org S, 1). In diesem Beschluss wird geklärt, ob im besagten Land die Datenschutzrichtlinien angemessen erscheinen.

Nicht öffentliche Stellen dürfen nur mit einem Auftrag zur Verarbeitung von Sozialdaten betraut werden, wenn beim Verantwortlichen sonst der Betrieb in seinem Ablauf gefährdet, oder der Auftrag beim Auftragsverarbeiter erheblich billiger zu erfüllen wäre.

Wird der Auftrag von einer nach § 35 des Ersten Buches genannten Stelle erfüllt, gelten neben dem § 85 &· 85a auch die §§ 9,13,14 und 16 des Bundesdatenschutzgesetztes. Bundesstellen werden durch den Bundesbeauftragten für Datenschutz kontrolliert, während nicht Bundesstellen in ihrer Kontrolle unter das Landesrecht fallen. Wird der Auftrag von einer nicht-öffentlichen Stelle bearbeitet, unterliegt sie der Aufsicht durch eine Behörde nach § 40 des Bundesdatenschutzgesetztes. Zudem regelt Abs. 5 die entsprechende Vorgehensweise bei einer Prüfung oder Wartung automatisierter Verfahren durch Dritte im Auftrag, wenn ein Zugriff auf Sozialdaten vermutet werden kann. Entsprechende Verträge sind der Aufsichtsbehörde anzuzeigen (vgl. Beck 2017, S, 1603).

Der vierte Abschnitt beschäftigt sich mit den Rechten betroffener Personen, den Datenschutzbeauftragten, sowie den Schlussvorschriften. So regelt § 81 wo eine Beschwerde bei einer vermuteten Verletzung des Datenschutzgesetzes eingereicht werden kann. Handelt es sich um eine der in § 35 Erstes Buch genannten Stellen, ist der Bundesbeauftragte zuständig. Handelt es sich um eine andere als in § 35 Erstes Buch genannten Stelle, greift Landesrecht (vgl. Beck 2017, S, 1603). Absatz 2 des Artikels regelt dabei genau, welche Stelle durch welchen Beauftragten kontrolliert wird und wann Bundes- oder Landesrecht greift. Zudem regelt Abs. 3 des § 81 unter welche Zuständigkeit (Bund oder Länder) die Verbände und Arbeitsgemeinschaften der unter § 35 Erstes Buch genannten Stellen fallen. Sobald ein Verband über Landesgrenzen hinweg tätig wird oder Teile des Bundes an ihm beteiligt sind, gilt er als Stelle des Bundes. Andernfalls handelt es sich um eine öffentliche Stelle der Länder. Eine öffentliche Stelle des Bundes zeichnet sich durch eine „Mehrheit der

Anteile oder der Stimmen aus". So ist die Datenstelle der Rentenversicherung nach § 145 Abs. 1 des Sechsten Buches, eine öffentliche Stelle des Bundes (vgl. Beck 2017, S, 1604).

§ 81a regelt den gerichtlichen Rechtsschutz. So steht natürlichen und juristischen Personen in einem Streit mit dem Bundesbeauftragten, oder einer nach Landesrecht zuständigen Stelle zur Kontrolle des Datenschutzes der Rechtsweg vor ein Sozialgericht offen. Für alle anderen Streitigkeiten nach Artikel 78 Abs. 1 & 2 der EU-Verordnung (2016/679) gelten § 20 des Datenschutzgesetzes, soweit nicht durch ein Bundesgesetz etwas anderes zugewiesen ist. Weiter regelt der Artikel die örtliche Zuständigkeit der Gerichte, sowie zugelassene Personen während des Klageprozesses (vgl. Beck 2017, S, 1604). Auch gegen Auftragsverarbeiter, sowie die verantwortlichen Stellen kann bei Verstoß gegen den Datenschutz auf Grundlage der EU-Verordnung geklagt werden. Dies regelt § 81b. Auf den sog. Angemessenheitsbeschluss wurde im oberen Teil der Arbeit bereits verwiesen. Der Bundesbeauftragte und entsprechende Stellen zur Kontrolle des Datenschutzes nach Landesrecht können nach § 81c den Angemessenheitsbeschluss (EU) gerichtlich abklären lassen, wenn eine vermutete Verletzung vorliegt. Ist der Beschluss nachweislich europarechtswidrig, so greift § 21 des Datenschutzgesetzes (vgl. Beck 2017, 1605).

Darüber hinaus regelt § 82 SGB X die entsprechenden Informationspflichten für die Erhebung von Sozialdaten bei Personen. Besonders § 82 a ist hier von Bedeutung, da er die Erhebung durch Dritte regelt. Demnach besteht eine Informationspflicht einer in § 35 Erstes Buch genannten Stelle nicht, wenn dadurch die Erfüllung einer entsprechenden Aufgabe gefährdet wäre oder dem Bund und Ländern Nachteile entstehen würden. Die Informationspflicht besteht zudem nicht, wenn es für die Speicherung eine Rechtsgrundlage gibt, oder die berechtigten Interessen eines Dritten gefährdet wären. Weiter regeln Abs. 3 und 4 unter welchen Umständen eine Information der betroffenen Person generell unterbleiben kann. Außerdem wird die Informationspflicht nicht-öffentlicher Stellen beschrieben. Auch regelt § 82 a Abs. 5 unter welchen Umständen in diesem Zusammenhang eine Übermittlung an Staatsanwaltschaft, Polizeibehörden, Verfassungsschutz, Bundesnachrichtendienst und den militärischen Abschirmdienst zulässig ist (vgl Beck 2017, S, 1607). Anschließend regelt § 83 das Auskunftsrecht der betroffenen Personen. Das Recht auf Auskunft wird in § 83 auf den Artikel 15 der EU-Verordnung (2016/679) zurückgeführt. Dieses Recht besteht nicht, wenn die Person nach § 83 a Abs. 1, 4 & 5 nicht zu informieren gewesen wäre, oder die Sozialdaten aufgrund einer Rechtsgrundlage nicht gelöscht werden dürfen. Werden entsprechende Sozialdaten nur zu Zwecken der Datensicherung oder Datenschutzkontrolle gespeichert, besteht ebenfalls kein Auskunftsrecht i.S.d EU-Verordnung. Stellt die Auskunftserteilung einen unverhältnismäßigen Aufwand dar, besteht kein Recht auf Auskunft (vgl. Beck 2017, S, 1607). Absatz 2 des Paragraphen besagt allerdings, dass eine betroffene Person einen Antrag auf Auskunft stellen kann, wenn sie die Art der einzusehenden Sozialdaten benennen kann. Die Auskunft kann dabei nur erteilt werden, wenn die Person Angaben macht, die das Auffinden der Daten ermöglicht. Außerdem darf der erforderliche Aufwand nicht außer Verhältnis zum geltend gemachten Informationsinteresse stehen. Sieht die entsprechende EU-Verordnung (216/679) keine andere Regelung vor, so hat der Verantwortliche über den Prozess der Auskunftserteilung nach pflichtgemäßem Ermessen zu entscheiden (vgl. Beck 2017, S, 1607). Wird eine Auskunft nicht erteilt ist dies nach § 83 Abs. 3 zu dokumentieren. Eine Ablehnung bedarf oftmals keiner Begründung. Handelt es sich dabei um eine Stelle i.S.d. § 35 des Ersten Buches, so ist die betroffene Person darauf hinzuweisen, dass sie sich bei Auskunftsverweigerung durch die entsprechende Stelle, auch an den Bundesbeauftragten oder die nach Landesrecht zuständige Stelle zur Kontrolle des Datenschutzes wenden kann. So kann die betroffene Person nach Abs. 4 verlangen, dass eine Überprüfung der Ablehnung des Auskunftserteilung stattfindet. Absatz 5 regelt die Auskunftserteilung bei Übermittlung von Sozialdaten an staatliche Institutionen (BND, Verfassungsschutz usw.). Eine Auskunftserteilung kann dabei nur durch die Zustimmung der entsprechenden Behörden erfolgen (vgl. Beck 2017, S, 1608). § 83 a besagt zudem lediglich, dass zusätzlich zur Meldepflicht nach Artikel 33 und 34 der EU-Verordnung, entsprechende Stellen i.S.d. § 35 des Ersten Buches eine Verletzung des Schutzes von Sozialdaten auch der Rechts- und Fachaufsichtsbehörde zu melden haben.

Der § 84 regelt das Recht auf Berichtigung, Löschung, sowie Einschränkung der Verarbeitung und den Widerspruch. Stellt die Löschung von Sozialdaten einen unverhältnismäßig hohen Aufwand dar und ist das Interesse der betroffenen Person als gering anzusehen, so besteht nach der EU-Verordnung kein Recht auf Löschung. Stattdessen findet dann allerdings eine Einschränkung der Verarbeitung i.S.d. Artikel 18 der Verordnung statt. Natürlich besagt § 84, dass grundsätzlich ein Recht auf

Löschung existiert. Absatz 2 des Artikels klärt den Umgang mit Sozialdaten deren Richtigkeit nicht vollständig geklärt ist. Die entsprechenden Daten dürfen dann zur Erfüllung sozialer Aufgaben verwenden werden. Allerdings muss der ungeklärte Status der Daten während der Verarbeitung dokumentiert werden. Würde durch eine Löschung von Daten der betroffenen Person ein sozialer Schaden entstehen, so hat die verantwortliche Stelle darüber Auskunft zu erteilen, sofern dies keinen unverhältnismäßigen Aufwand darstellt. Dies regelt Absatz 3 des § 84 SGB X (vgl. Beck 2017, S, 1608). Absatz 4 regelt die Löschung von Sozialdaten, soweit diese nicht mehr benötigt werden. Eine Löschung in diesem Sinne kann allerdings nur stattfinden, wenn keine anderen Aufbewahrungsfristen i.S.d EU-Verordnung zu beachten sind. Ein Recht auf Widerspruch nach Artikel 21 der Verordnung (EU) gegenüber öffentlichen Stellen besteht nicht, soweit an der Verarbeitung der Sozialdaten ein öffentliches Interesse besteht oder eine Rechtsvorschrift dies vorschreibt. Eine solches öffentliches Interesse könnte zum Beispiel die Auswertung von Handydaten von Gefährdern durch den Verfassungsschutz sein.

Der § 85 regelt die entsprechenden Strafvorschriften. Hier ist der 2. Absatz von besonderer Bedeutung, da eine entsprechende Tat nur auf Antrag verfolgt werden kann. Antragsberechtigt ist nur die geschädigte Person, der Verantwortliche, der Bundesbeauftragte und die nach Landesrecht zuständige Stelle. § 85 a regelt außerdem Bußgeldvorschriften bei einer Verletzung des Schutzes von Sozialdaten i.S.d. § 83 a oder Artikel 33 und 34 der EU-Verordnung (vgl. Beck 2017, S, 1609). Mit diesem Artikel endet das zweite Kapitel des SGB X.

5.) Rechtliche Bestimmungen zur Übermittlung und Offenbarung von Sozialdaten.

Die rechtlichen Bestimmungen zur Übermittlung und Offenbarung sind ebenfalls im zweiten Kapitel zweiter Absatz zu finden. § 67d bis § 78 regelt alle entsprechenden Sachverhalte. So regelt § 67d die Übermittlungsgrundsätze. Ob die Herausgabe von Sozialdaten stattfinden kann, liegt in der Verantwortung der übermittelnden oder herausgebenden Stelle. Diese hat die Rechtmäßigkeit zu prüfen. Werden die Daten an einen Dritten vermittelt, trägt dieser die Verantwortung für die Richtigkeit der Angaben in seinem Ersuchen (vgl. Beck 2017, S, 1591). Sind mit den zu übermittelnden Sozialdaten weitere personenbezogene Daten verknüpft und würde deren Abtrennung einen ungerechtfertigten Aufwand darstellen, ist eine Übermittlung nur zulässig, wenn die schutzwürdigen Interessen der betroffenen Person oder eines entsprechenden Dritten an einer Geheimhaltung nicht überwiegen. Eine Veränderung oder sonstige Nutzung dieser personenbezogenen Daten ist unzulässig (vgl. Beck 2017, S, 1591).

Eine Erhebung und Übermittlung von Sozialdaten zur Bekämpfung von ungerechtfertigtem Leistungsbezug und illegaler Ausländerbeschäftigung ist nach § 67e zulässig. Findet eine Prüfung einer Person nach § 2 des Schwarzarbeitergesetzes oder nach § 28b des Vierten Buches statt, darf Art und Umfang der bezogenen Sozialleistungen erfragt werden. Darunter fallen auch Leistungen nach dem Asylbewerberleistungsgesetz. Weiter kann abgefragt werden, bei welcher Krankenkasse die Person versichert ist und ob Sozialabgaben im Sinne des SGB abgeführt werden. Weiter kann eine für die Beschäftigung erforderliche Genehmigung und die allgemeinen Arbeitsbedingungen erfragt werden. Die somit zu Prüfzwecken erhobenen Daten dürfen an die entsprechenden Leistungsträger weitergeleitet werden (vgl. Beck 2017, S, 1592).

Der nachfolgende Paragraph (§68) regelt die Weitergabe von Daten für Zwecke der Polizeibehörden, der Staatsanwaltschaft, der Gerichte, sowie Behörden der Gefahrenabwehr. So dürfen entsprechende personenbezogene Daten auf Ersuchen der entsprechenden Behörde herausgegeben werden, wenn dies zur Erfüllung einer Aufgabe beiträgt und die schutzwürdigen Interessen der betroffenen Person nicht verletzt werden. Absatz 2 des Artikels regelt, dass die ersuchte Stelle die Daten nicht herausgeben muss, wenn diese auf anderem Wege beschafft werden könnten. Weiter regelt Abs. 1a des § 68 die Herausgabe von Daten im Rahmen des IntFamRVG. Insbesondere können Leistungsträger i.S.d §§ 18 bis 29 des Ersten Buches SGB von Seiten einer Bundesbehörde zur Herausgabe personenbezogener Daten bewogen werden, wenn diese zum Beispiel zur Aufenthaltsklärung eines Kindes beitragen. Außerdem regelt § 68 die Zulässigkeit von Datenübermittlungen während sogenannter Rasterfahrungen auf Landes- oder Bundesebene (vgl. Beck 2017, S, 1592).

Für die Übermittlung von Sozialdaten zur Erfüllung von sozialen Aufgaben ist der § 69 von Bedeutung. Demnach dürfen entsprechende Daten übermittelt werden, wenn dies zur Erfüllung der Aufgaben, für die sie erhoben wurden, notwendig ist. Handelt es sich um eine Stelle i.S.d § 35 oder um einen Dritten, welcher Zwecke im Sinne des SGB erfüllt, so dürfen Daten übermittelt beziehungsweise ausgetauscht werden, wenn dies der Erfüllung gesetzlich vorgeschriebener Aufgaben dient. Außerdem dürfen Daten nach Abs. 2 des § 69 übermittelt werden, wenn dies zur Erfüllung einer Aufgabe im Rahmen eines Strafverfahrens dient. Auch bei Sozialbetrug dürfen zur richterlichen Richtigstellung von Tatsachenbehauptungen einer angeklagten Person entsprechende Daten mit vorheriger Genehmigung der Landesbehörde angefragt werden (vgl. Beck 2017, S, 1593). Weiter behandelt der § 69 den Datenaustausch im Rahmen von Aufgaben, welche sich aus Tarifverträgen ergeben. Demnach sind Stellen, welche Leistungen nach dem Lastenausgleichsgesetz, dem Bundesentschädigungsgesetz, dem Beamtenversorgungsgesetz und Weiteren (siehe § 69 Abs. 2.1), den Stellen i.S.d § 35 SGB gleichzusetzen. Weiter wird in § 69 der Datenaustausch zwischen Tarifvertragsparteien und Zusatzversorgungseinrichtungen geregelt (vgl. Beck 2017, S, 1593). Weiter heißt es, dass die Bundesagentur für Arbeit Daten an die Krankenkassen übermitteln darf, wenn dies dazu dient einem Arbeitgeber Ansprüche i.S.d. Aufwendungsausgleichsgesetzes zuzusprechen. Eine Übermittlung von Diagnosedaten von der Krankenkasse an einen Arbeitgeber ist generell unzulässig. Allerdings darf die Krankenkasse darüber Auskunft geben, ob eine erneute Arbeitsunfähigkeit eines Arbeitnehmers auf derselben Krankheit beruht.

§ 70 SGB X regelt lediglich, dass Daten zum Zwecke des Arbeitsschutzes übermittelt werden dürfen, wenn dies in den Aufgabenbereich zuständiger staatlicher Behörden fällt. Schutzwürdige Interessen der betroffenen Person dürfen auch hier nicht verletzt werden und das öffentliche Interesse an der Durchführung des Arbeitsschutzes muss gegenüber dem Geheimhaltungsinteresse einer entsprechenden Person überwiegen (vgl. Beck 2017, S, 1593).

In § 71 wird geregelt, wann Daten übermittelt werden dürfen, wenn dies zur Erfüllung besonderer gesetzlicher Pflichten dient und im Rahmen entsprechender Mitteilungspflichten geschieht. So dürfen Daten übermittelt werden, wenn dadurch Straftaten i.S.d. § 138 Strafgesetzbuch abgewendet werden können. Auch zum Schutze der öffentlichen Gesundheit (Infektionsschutzgesetz) oder zur Sicherung des Steueraufkommens nach § 22a Einkommenssteuergesetz, sowie andere Sachverhalte, welche sich aus diesem Gesetz ergeben, dürfen Daten weitergereicht werden. Außerdem darf eine Weitergabe zur Bekämpfung illegaler Beschäftigung und zum Zwecke einer Eintragung von Tatsachen in das Gewerbezentralregister erfolgen (vgl. Beck 2017, S, 1594). Weiter dürfen Daten an das statistische

Bundesamt, sowie für die Erfüllung von Aufgaben an den Deutschen Rentenversicherungs-Bund übermittelt werden. Übermittlungen nach dem § 71 SGB X sind zudem in bestimmten Fällen nach dem Agrarstatistikgesetz und dem Erneuerbaren-Energien-Gesetz möglich. Zudem regelt der zweite Abschnitt des Paragraphen die Übermittlung von Sozialdaten von Ausländern. Demnach sind Übermittlungen zulässig, wenn z.B. das Ausländeramt den Aufenthaltsstatus einer Person klären muss, eine Gewährung oder Nichtgewährung von Leistungen stattfinden soll, oder das Versicherungsverhältnis eines Ausländers geklärt werden muss (vgl. Beck 2017, S, 1595). Auch im Rahmen einer Beschäftigungserlaubnis darf das Ausländeramt entsprechende Daten abrufen.

Steht eine Entscheidung über den weiteren Aufenthalt eines minderjährigen Ausländers an, so darf das Ausländeramt entsprechende Daten über die Sozialprognose des Jugendlichen beim Jugendamt abfragen.

Weiter beschreibt dieser Abschnitt die Übermittlung von Gesundheitsdaten von Ausländern. Demnach dürfen Diagnosedaten nur übermittelt werden, wenn eine Gefährdung der öffentlichen Gesundheit durch den Ausländer zu vermuten ist oder er sich nicht an entsprechende Schutzmaßnahmen hält. Zudem dürfen medizinische Daten übermittelt werden, wenn die Krankheit eines Ausländers in dessen Herkunftsland nicht behandelt werden kann und daher eine Abschiebung auszusetzen ist (vgl. Beck 2017, S, 1595). Ebenso dürfen Daten im Rahmen des Asylbewerberleistungsgesetzes weitergegeben werden, soweit dies zur Erfüllung entsprechender Aufgaben beiträgt. Die Übermittlung von Sozialdaten ist außerdem zulässig, wenn ein Leistungsträger Daten im Rahmen einer gesetzlichen Bestellung eines Betreuers an das Betreuungsgericht zu übermitteln hat. Zudem ist auch bei Ausländern die Übermittlung von Sozialdaten zulässig, wenn Verdacht auf Geldwäsche und Sozialbetrug besteht (vgl. Beck 2017, S, 1595).

§ 72 regelt die Übermittlung von Daten zum Schutz der inneren und äußeren Sicherheit. Hierunter würden zum Beispiel die erfassten Handydaten von Flüchtlingen zum Auffinden von Gefährdern fallen. Demnach dürfen Daten übermittelt werden, wenn diese zur Erfüllung von Aufgaben des Verfassungsschutzes, des Bundesnachrichtendienstes, des militärischen Abschirmdienstes und des Bundeskriminalamtes notwendig sind. Ab wann eine Erforderlichkeit in diesem Sinne vorliegt, muss eine Person im Richteramt entscheiden (vgl. Beck 2017, S, 1596).

§ 73 und Teile des § 69 regeln die Übermittlung im Rahmen von Strafverfahren. § 73 regelt auch die Weitergabe von Daten an die Gerichte beziehungsweise die. Staatsanwaltschaft, wenn es aufgrund des § 72 zu einem Strafverfahren kommt.

Auch eine Übermittlung von Daten zur Klärung von Versorgungs- und Unterhaltsansprüchen ist nach § 74 zulässig. So ist die Weitergabe von Sozialdaten während eines Vollstreckungsverfahrens wegen eines Unterhaltsanspruches zu erlauben. Auch bei einem Verfahren über einen Versorgungsausgleich nach § 220 ist eine Weitergabe erlaubt. Zudem können Daten weitergegeben werden, wenn dies zur Klärung von entsprechenden Ansprüchen aus dem BGB dient (vgl. Beck 2017, S, 1596). Weiter regelt § 75 des SGB X die Übermittlung von Sozialdaten für Forschung und Planung. So ist die Übermittlung in diesem Kontext zulässig, wenn sie der wissenschaftlichen Forschung im Sozialbereich oder der Arbeitsmarkt- und Berufsforschung dient. Auch für die Planung im Sozialleistungsbereich durch eine öffentliche Stelle ist die Übermittlung zulässig. Weiter wird geregelt welche Formalitäten dazu eingehalten werden müssen und insbesondere unter welchen Umständen die betroffene Person zu unterrichten ist. Handelt es sich um besondere Kategorien von Daten i.S.d. Artikel 9 Abs. 1 der Verordnung (EU) 2016/679 und werden diese an einen Dritten übermittelt, so hat dieser die angemessene Wahrung der Interessen der betroffenen Person sicherzustellen und sich an die Richtlinien des § 22 Absatz 2 Satz 2 des Datenschutzgesetzes zu halten. Zusätzlich sieht Artikel 9 Abs. 1 der Verordnung vor, dass die Daten zu anonymisieren sind soweit dies dem Forschungszweck nicht entgegensteht (vgl. Beck 2017, S, 1598). Generell bedarf eine Übermittlung von Daten zu Forschungszwecken einer Genehmigung der Bundes- oder Landesbehörden. Werden entsprechende Daten an einen Dritten übermittelt, so unterliegt dieser der Aufsicht der nach dem Datenschutzgesetz zuständigen Behörde. Auch kann die zuständige Aufsichtsbehörde in diesem Zusammenhang die Vorlage des Datenschutzkonzeptes eines entsprechenden Dritten verlangen (vgl. Beck 2017, S, 1599).

Anschließend regelt der § 76 die Einschränkung von Übermittlungsbefugnissen bei besonders schutzwürdigen Sozialdaten. Ärztliche Gutachten zum Beispiel enthalten sensible Sozialdaten und sind somit nach dem § 76 von der Übermittlung an Dritte, wie zum Beispiel das Jobcenter oder sonstige Stellen i.S.d § 35 SGB I, ausgeschlossen. Eine Übermittlung ist nur zulässig, wenn die betroffene Person ausdrücklich zustimmt (vgl. Beck 2017, S, 1599).

Unter welchen Umständen Daten ins Ausland und an internationale Organisationen übermittelt werden dürfen, kann aus dem § 77 entnommen werden. Absatz 1 des § 77 besagt im Grunde, dass ein Austausch zwischen in- und ausländischen (Nur EU) Stellen zulässig ist, wenn diese Stellen Aufgaben i.s.d § 35 SGB I erfüllen. Auch im Rahmen des Arbeitnehmerüberlassungsgesetzes dürfen Daten an ausländische Stellen übermittelt werden. Wenn Verletzungen des § 74 (Unterhaltsansprüche) vorliegen, darf ebenfalls ins Ausland übermittelt werden. Zur Eröffnung eines Strafverfahrens dürfen ebenfalls Daten in andere EU-Staaten übermittelt werden. Für die Anordnung der Übermittlung i.s.d § 73 ist ein inländisches Gericht zuständig. Steht die besagte Übermittlung Im Widerspruch zu den Grundsätzen der Europäischen Union (Artikel 6), so hat die Übermittlung zu unterbleiben. Werden Daten in Nicht-EU-Staaten oder an internationale Organisationen übermittelt, ist mit Hilfe eines Angemessenheitsbeschlusses zu klären, ob ein angemessenes Datenschutzniveau gemäß Artikel 45 der Verordnung EU 2016/679 vorliegt (vgl. Beck 2017, S, 1599).

Abschließend regelt der § 78 die Zweckbindung und Geheimhaltungspflichten von Dritten, an welche die Daten übermittelt werden. Handelt es sich um Stellen, die nicht im § 35 Erstes Buch aufgeführt werden, dürfen diese übermittelten Daten nur zweckgebunden verwendet werden. Dritte müssen die datenschutzrechtlichen Bestimmungen ebenso einhalten, wie die Stellen i:S.d § 35 Erstes Buch. Zudem dürfen Gericht und Staatsanwaltschaft gerichtliche Entscheidungen, welche Sozialdaten enthalten weiterleiten, wenn auch eine Stelle (§ 35) die Daten an Dritte hätte übermitteln dürfen. Wurden Sozialdaten aber an Polizeidienststellen oder zum Beispiel an Behörden der Gefahrenabwehr übermittelt, ist die Verwendung nicht zweckgebunden. Absatz 2 des § 78 besagt lediglich, dass die Mitarbeiter von nicht-öffentlichen Stellen beim Erhalt von Sozialdaten auf die entsprechenden Richtlinien des Absatz 1 hinzuweisen sind. Werden Sozialdaten im Rahmen von Ordnungswidrigkeiten an Gerichte übermittelt, so dürfen diese Daten auch wissenschaftlich genutzt werden. Dies beschreibt der 4. Ansatz des § 78 (vgl. Beck 2017, S, 1580). Damit wären alle wichtigen Paragraphen im Rahmen der Übermittlung und Offenbarung von Sozialdaten genannt.

6.) Die Verarbeitung personenbezogener Daten nach der EU-DSGVO

Die EU-DSGVO formuliert in § 1 Abs. 1 das Ziel eines Schutzes natürlicher Personen im Rahmen einer Verarbeitung personenbezogener Daten. Außerdem soll der freie Informationsfluss gefördert werden (vgl. dsgvo).

Artikel 5 der Verordnung regelt die Grundsätze für die Verarbeitung personenbezogener Daten. Dort heißt es zu Beginn, dass die Datenverarbeitung rechtmäßig, nach Treu und Glauben, sowie grundsätzlich nachvollziehbar und transparent zu sein hat. Weiter besagt der Artikel, dass Daten nur für festgelegte, legitime und eindeutige Zwecke, erhoben werden dürfen. Zudem wird auch die wissenschaftliche Verwendung geklärt. Die Erhebung von personenbezogenen Daten muss zudem auf das notwendige Maß zur Erfüllung einer Aufgabe beschränkt sein. Es dürfen also nicht mehr Daten erhoben werden als notwendig. Auch besagt der Artikel, dass die Daten sachlich richtig sein müssen und gegebenenfalls geändert oder gelöscht werden müssen, wenn dies nicht der Fall ist (vgl. dsgvo). Außerdem dürfen die erhobenen Daten nur so lange eine Identifikation der betroffenen Person ermöglichen, wie dies der entsprechende Zweck verlangt. Die Daten müssen in einer Weise verarbeitet werden, dass eine angemessene Sicherheit, einschließlich einem Schutz vor unbefugter Verbreitung, Verlust oder Zerstörung gewährleistet ist. Dazu sind entsprechende technische und organisatorische Maßnahmen zu ergreifen. Entsprechende Verantwortliche müssen die Einhaltung der Verordnung nachweisen können (vgl. dsgvo).

Weiter regelt Artikel 6 der Verordnung die Rechtsmäßigkeit der Verarbeitung.

Demnach ist die Verarbeitung nur zulässig, wenn eine der nachfolgend genannten Bedingungen erfüllt ist. Es muss eine Einwilligung vorliegen, die betroffene Person ist eine Vertragspartei und die Verarbeitung dient der Erfüllung eines Vertrages, es liegt eine rechtliche Verpflichtung der Person zu Grunde, es werden lebenswichtige Interessen der betroffenen Person oder eines Dritten dadurch geschützt, oder die Verarbeitung dient der Wahrung von Interessen einer Person oder eines Dritten soweit durch die Weitergabe keine Grundrechte bei der Person verletzt werden, bei welcher die Daten erhoben wurden. Die Mitgliedsstaaten können zudem eine Anpassung der Vorschriften vornehmen und präziser bestimmen, soweit eine Verarbeitung nach Treu und Glauben weiter gewährleistet ist (vgl. dsgvo).

Die Rechtsgrundlage der Verarbeitung ist dabei bestimmt im Unionsrecht, oder dem Recht der Mitgliedsstaaten des entsprechenden Verantwortlichen. Der Zweck der Verarbeitung muss in der Rechtsgrundlage ersichtlich und für die Erfüllung einer öffentlichen Aufgabe notwendig sein. Es muss sich um ein öffentliches Interesse handeln und der Verantwortliche muss öffentliche Gewalt ausüben dürfen. Auch hier kann die Rechtsgrundlage bestimmte Bestimmungen zur Anpassung enthalten, etwa welche Bedingungen und Regelungen für den Verantwortlichen gelten, welche Arten von Daten verarbeitet werden dürfen, wie es um die Zweckbindungen bestellt ist, welche Arten von Daten verarbeitet werden dürfen und Weiteres. Auch hier hat der Verantwortliche nach dem Grundsatz von Treu und Glauben zu handeln. In Abs. 4 wird ausgeführt, welche Maßnahmen und Prüfungen der Verantwortliche vorzunehmen hat, wenn erhobene Daten zu einem anderen Zweck als ursprünglich vorgesehen weitergegeben und verarbeitet werden sollen oder müssen. Dies trifft vor allem zu, wenn es sich um eine Maßnahme zum Schutz der demokratischen Gesellschaft i.S.d Artikel 23 (Landesverteidigung, öffentliche Sicherheit usw.) handelt. Auch hier sind vorher die Verhältnismäßigkeit der Maßnahme, sowie eventuelle. Grundrechtsverletzungen zu prüfen (vgl. dsgvo). Artikel 7 der Verordnung beschäftigt sich mit den für die Einwilligung notwendigen Bedingungen. So muss ein Verantwortlicher nachweisen können, dass eine betroffene Person die Verarbeitung ihrer Daten autorisiert hat. Ist die Einwilligung schriftlich erfolgt und werden auf dem Schriftstück noch andere Sachverhalte aufgeführt, so ist der Absatz über Datenschutz abzugrenzen und in leicht verständlicher Sprache zu formulieren. Die Person muss explizit auf den Datenschutz beziehungsweise die Einwilligung verwiesen werden. Die Einwilligung kann widerrufen werden, allerdings nicht für bereits erhobene Daten. Der Widerruf muss auf einem einfachen Wege erfolgen können. Zudem regelt der letzte Absatz die Frage, ob zur Erfüllung eines Vertrages immer auch eine Einwilligung in die Erhebung von personenbezogenen Daten notwendig ist (vgl. dsgvo).

Artikel 8 der Verordnung beschäftigt sich explizit mit der Verarbeitung von Daten von Kindern. Hier ist lediglich anzumerken, dass das Kind ab dem sechzehnten Lebensjahr selbst die entsprechende Einwilligung i.S.d. Artikel 6 der Verordnung erteilen kann, während vor dieser Altersgrenze die Einwilligung um Bereich der elterlichen Rechte und Pflichten liegt. Weiter klärt der Artikel 9 der Verordnung die Verarbeitung besonderer Kategorien von Daten. Darunter fallen vor allem Daten über

„rassische" und ethnische Herkunft, politische Meinungen, religiöse und weltanschauliche Überzeugungen, Gewerkschaftszugehörigkeiten, genetische Daten, biometrische- und Gesundheitsdaten, sowie Daten über die sexuelle Orientierung einer Person (vgl. dsgvo). Die Weitergabe dieser Daten ist grundsätzlich untersagt, außer es tritt einer der nachfolgenden Sachverhalte auf. Als erstes kann die betroffene Person eine Weitergabe der Daten grundsätzlich erlauben. Auch kann eine Verarbeitung zulässig sein, wenn dadurch der betroffenen Person zur ihrem Recht (Arbeitsrecht, Sozialrecht) verholfen werden kann. Umgekehrt gilt dies auch, wenn durch die Verarbeitung gewährleistet wird, dass die Person bestimmten Pflichten nachkommen kann oder muss. Hier wäre das Thema Unterhaltsanspruch wieder anzuführen. Zudem dürfen entsprechende Daten verarbeitet werden, wenn dadurch lebenswichtige Interessen der Person oder eines Dritten gewahrt werden können und die Person außerstande ist ihre Einwilligung zu geben.

Unter Umständen dürfen auch bestimmte Organisationen (Gewerkschaften, Kirchen, NGOs) diese Daten verarbeiten. Sie dürfen dabei keine Gewinnabsichten verfolgen, müssen rechtmäßig tätig sein und die Daten dürfen sich nur auf ihre Mitglieder beziehen. Ohne eine Einwilligung dürfen die Daten nicht offengelegt werden (vgl. dsgvo). Auch Gerichte dürfen diese Daten im Rahmen ihrer justiziellen Arbeit verwenden. Weiter dürfen entsprechende Daten verarbeitet werden, wenn dies nach Unionsrecht oder dem Recht der Mitgliedsstaaten für Maßnahmen der Arbeitsmedizin, der medizinischen Diagnostik oder für Aufgaben des Gesundheits- und Sozialbereiches notwendig sind. Auch wenn durch die Verarbeitung die öffentliche Gesundheit gewahrt oder grenzüberschreitende Gesundheitsgefahren abgewendet werden können, ist eine Nutzung der Daten zulässig. Weiter können auch in diesem Zusammenhang Daten für Forschungs- und Archivzwecke verwendet werden, wenn dadurch keine persönlichen Interessen der Person sowie Grundrechte verletzt werden (vgl. dsgvo).

Artikel 10 der Verordnung beschreibt den Umgang mit Daten im Rahmen von strafrechtlichen Verurteilungen. Die Verarbeitung von Daten über strafrechtliche Verurteilungen darf nur unter amtlicher Aufsicht geschehen oder wenn auf Grundlage des Unionsrechtes oder Rechtes der Mitgliedsstaaten dafür gesorgt wird, dass Garantien für die betroffene Person vorliegen. Strafregister dürfen nur unter behördlicher Aufsicht geführt werden (vgl. dsgvo).

Letztlich regelt Artikel 11 der Verordnung noch den Umgang mit Daten, für die eine Identifikation der entsprechenden Person nicht notwendig ist.

Weiter sollte zum Abschluss noch auf das Kapitel 9 (Art. 85 – 91) verwiesen werden. Dieses Kapitel beschäftigt sich noch mit Vorschriften für besondere Verarbeitungssituationen.

7.) Kritische Stellungnahme zum Schutz seiner persönlichen Daten

Im anfänglichen Kapitel haben wir gesehen, dass vor allem Hacker, sowie internationale Großfirmen aber auch der Staat Interesse an Daten haben. Die Dimension der Industriespionage ist für Privatpersonen eher uninteressant und soll an dieser Stelle ausgeklammert werden. Allgemein ist zu beobachten, dass die meisten Privatpersonen sich kaum mit Datenschutz beschäftigen. Eine naive Vorstellung („Ich habe ja nichts zu verbergen") ist häufig anzutreffen. Sobald dann allerdings ein persönlicher Schaden entstanden ist, wächst das Bewusstsein. Oft spielen Privatpersonen den Datensammlern auch direkt in die Hände. Warum sich zum Beispiel viele Menschen mit ihren echten Namen und Daten auf Social-Media-Plattformen anmelden ist völlig unverständlich. Bonuskarten, Punkteprogramme und Ähnliches, dienen letztlich nur dazu, dass Konsumverhalten des Inhabers zu verstehen. Warum sich diese Bonusprogramme so großer Beliebtheit erfreuen ist fraglich.

Vor dem Hintergrund des Datenschutzes ist es völlig unverständlich, sich eine künstliche Intelligenz (Alexa) des Anbieters Amazon zu kaufen. „Alexa" hört nachweislich den Unterhaltungen der Hausbewohner zu und speichert die entsprechenden Daten. Es muss dringend darüber nachgedacht werden, wie viel Technik der Mensch wirklich benötigt. Ein Haus muss jedenfalls nicht „Smart" sein und ständig die Daten seiner Bewohner sammeln.

Aber auch die Benutzung von offenen WLAN-Netzwerken ist gefährlich, da hier Daten in Reinform abgefangen werden können. Die entsprechende Software kann in weniger als einer Minute installiert werden und ist erstaunlich benutzerfreundlich.

Online-Straftaten sind grundsätzlich schwer aufzuklären, da sie oft im Ausland ihren Ursprung haben und zudem weitreichendes technisches Verständnis benötigen, welches kaum eine normale Person oder die Polizei vorweisen kann. Dabei kann schon eine einzige Suchabfrage dazu beitragen, Maßnahmen zum Schutz von personenbezogenen Daten zu finden. Mit etwas technischem Verständnis ist die Anwendung sofort möglich.

Der Bildschirmschoner bzw. das „Startup-Menü" sollten ein Passwort besitzen. Allerdings ist dieser Schutz nicht ausreichend und kann leicht umgangen werden. Wirksamer und leider selten anzutreffen, ist das sogenannte Biospasswort. Einmal eingerichtet, ist es nur über einen einzigen Weg zu knacken und bietet daher schon etwas mehr Sicherheit. Auch eine ständige Veränderung des Passwortes kann sinnvoll sein. Einfache Passwörter sind zu vermeiden und es ist geradezu amüsant, dass an vielen Arbeitsplätzen die Passwörter sehr einfach gehalten werden. Oftmals sind es immer ähnliche Passwörter oder sie setzen sich aus Teilen (Namen+123) zusammen. Auch sind sie oft fortlaufend (PC1 = Passw123 ; PC2 = Passw1234 usw.). Dies ist als absolut unzureichend einzustufen. Auch sollte das Betriebssystem immer auf dem neusten Stand sein und alle Updates haben. Dies dient dazu im System vorhandene Sicherheitslücken zu schließen. Gerade im öffentlichen Dienst sind, wahrscheinlich aus Kostengründen, oft veraltete Systeme im Einsatz. Im Internet gibt es Listen, welche die Sicherheitslücken dieser alten Systeme auflisten und die entsprechende Attacke gleich dazu benennen.

Die wenigsten Privatpersonen wissen, dass auch eine Kreditkarte Daten senden kann, und zwar nicht nur während eines Zahlungsvorgangs. Der Chaos-Computer-Club empfiehlt daher seit Jahren seine Kreditkarte mit einer Bleihülle zu schützen. Weiter ist ein Schutz durch Virenprogramme, Spamfilter und Addblocker effektiv. Auch sogenannte Cookies können durch Programme vom Computer ferngehalten werden. Um seine Daten zu schützen kann auch die Verwendung einer alternativen Suchmaschine sinnvoll sein.

Es kann zudem Sinn machen, sensible Daten (z.B. Worddokumente) zu verschlüsseln und auf externen Datenträgern zu speichern. Zumindest hat seit dem „Abhörskandal" die Verschlüsselung von Emails in Deutschland Einzug erhalten. Viele öffentliche Institutionen haben es immer noch nicht geschafft, eine einheitliche Verschlüsselung zur Kommunikation zwischen verschiedenen Stellen einzurichten. Warum dies noch nicht geschehen ist, kann nicht nachvollzogen werden.

Generell am gefährlichsten und unsichersten ist leider das Smartphone.

Es sei gesagt, dass alle hier genannten Maßnahmen zumindest ein technisches Interesse an der Materie voraussetzen. Letztlich gibt es keine vollständige Sicherheit im Umgang mit Daten. Lediglich der Zugang zu ihnen, kann durch Maßnahmen erschwert werden. Es handelt es sich bei allen diesen Überlegungen um ein digitales Katz- und Mausspiel mit großem zeitlichem Aufwand. Keine Privatperson ist dauerhaft in der Lage alle ihre persönlichen Daten ausreichend zu schützen. Allerdings sei im Kontext der Sozialen Arbeit darauf verwiesen, dass die entsprechenden Klienten oftmals grundsätzliche keine Vorstellung von der Materie haben und es letztlich auch die Aufgabe eines Sozialarbeiters ist, den Zugang zu personenbezogenen Daten zu erschweren und für die Rechte des Klienten einzutreten. Auch muss erwähnt werden, dass alle Datenschutzrechte einer Privatperson jederzeit zugänglich sind, es allerdings für Nicht-Juristen einen nicht zu unterschätzenden Aufwand darstellt, sich mit den Texten und Gesetzen zu beschäftigen. Oft hat man den Eindruck, dass für viele Menschen die Materie des Datenschutzes trocken und langweilig erscheint. Dem könnte entgegengewirkt werden, indem man das Fach Informatik in der Schule mit spannenden politischen, rechtlichen und informationstechnischen Fragestellungen füllt. Je weniger Daten eine Person preisgibt, desto weniger können erfasst werden. Diese einfache Regel kann man sich ohne großen Aufwand zu Nutze machen.

Abschließend sei noch angeführt, dass der Staat viel zu spät auf die Problematik reagiert hat. Die großen *„Datenkraken"* können im Grunde nur schwer gesetzlich belangt werden. Es wäre schon vor Jahren eine komplett andere datenschutzrechtliche Infrastruktur und weitreichende Aufklärung der Bevölkerung von Nöten gewesen. Big Data ist ein Milliarden-Geschäft der Konzerne. Ab 2025 werden die Datenmengen nicht mehr in der *„Cloud"* speicherbar sein. Konventionelle Speicher werden nicht mehr ausreichen. In der Zukunft werden Daten nicht mehr auf Festplatten gespeichert, sondern in künstlichen DNA-Strängen. Die großen Tech-Firmen haben bereits mit der Forschung daran begonnen. Die Ergebnisse sind vielversprechend (vgl. Krebs 2020, S,1). Die Tendenz, dass der Mensch immer mehr Daten preisgeben wird, wird sich jedenfalls fortsetzen.

8.0) Quellen:

Arnold, P.: (2020): Information und Wissen: Unter: http://www.informatik.uni-leipzig.de/~graebe/Texte/Arnold-09.pdf abgerufen am: 06.05.20

Beck (2018): Sozialgesetzbuch mit Sozialgerichtsgesetz: DTV Verlagsgesellschaft mbH & Co.KG, München

Buchert (2020): Daten & Datenverarbeitung: Unter: https://www.dr-buchert.de/de/rechtslexikon/daten-datenverarbeitung.html abgerufen am: 06.05.20

Büchmann, G.: (1972): Geflügelte Worte. 32. Auflage. Haude & Spener, Berlin

DSGVO (2020): Datenschutz-Grundverordnung: Unter: https://dsgvo-gesetz.de/art-11-dsgvo/ abgerufen am: 28.06.20

Flade, F.: (2019): Überwachungssoftware. Der Bundestrojaner, den keiner nutzt. In: WDR.de Unter: https://www.tagesschau.de/investigativ/staatstrojaner-103.html abgerufen am: 09.05.20

Kevin M. Gallagher: NSA whistleblower Edward Snowden: „I don't want to live in a society that does these sort of things" (Englisch, Video 12m34s) In: YouTube. Kevin M. Gallagher. 9. Juni 2013. Abgerufen am 14. Mai 2015.

Krebs, J.: (2020): Datenmanagement wird immer wichtiger. Die Zettabyte-Welt schlittert in eine Storage-Krise In: Storage-Insider Unter: https://www.storage-insider.de/die-zettabyte-welt-schlittert-in-eine-storage-krise-a-890776/ abgerufen am: 27.09.20

Johannes Kuhn: Prism-Whistleblower: Obama jagt Edward Snowden. In: Süddeutsche Zeitung. 10. Juni 2013. Abgerufen am 14. Mai 2015.

Grundrechteschutz (2020): Ihre Grundrechte in Deutschland und Europa

Netzpolitik (2019): Bundesverwaltungsgericht: Die Vorratsdatenspeicherung bleibt weiter ausgesetzt. In: Netzpolitik.de Unter: https://netzpolitik.org/2019/bundesverwaltungsgericht-die-vorratsdatenspeicherung-bleibt-weiter-ausgesetzt/

Rouse, M.: (2020): Computerkriminalität (Cybercrime). In: Computerweekly.com Unter: https://www.computerweekly.com/de/definition/Computerkriminalitaet-Cybercrime abgerufen am: 10.05.2020

SGB X: (2020): Verarbeitung von Sozialdaten im Auftrag: Unter: https://dejure.org/gesetze/SGB_X/80.html abgerufen am: 28.06.20

Spiegel (1989): NSA: Amerikas großes Ohr. In: Spiegel.de Unter: https://www.spiegel.de/spiegel/print/d-13494509.html abgerufen am: 09.05.2020

Schmidt, D.: (2018): Google Data Collection In: digitalcontentnext.org. Unter: https://digitalcontentnext.org/wp-content/uploads/2018/08/DCN-Google-Data-Collection-Paper.pdf abgerufen am: 07.05.20

Tagesschau (2019): Googles-Quantencomputer – Ein Quantensprung, aber kein Durchbruch: Unter: https://www.tagesschau.de/wirtschaft/google-quantencomputer-105.html abgerufen am: 07.05.2020

Tagesschau (2017): Staatstrojaner im Masseneinsatz. In: Tagesschau.de Unter: https://www.tagesschau.de/inland/bundespolizei-trojaner-101.html abgerufen am: 09.05.20

Tagesspiegel (2019): Die Digitalisierung erfordert eine politische und soziale Umwälzung. Unter: https://www.tagesspiegel.de/berlin/nach-der-technischen-revolution-die-digitalisierung-erfordert-eine-politische-und-soziale-umwaelzung/25034104.html abgerufen am: 08.05.20

Verfassungsschutz (2017): Spionage, Sabotage, Datendiebstahl: Deutscher Wirtschaft entsteht jährlich ein Schaden von 55 Milliarden Euro. In: Verfassungsschutz.de, Pressemitteilung 21.07.2017. Unter: https://www.verfassungsschutz.de/de/oeffentlichkeitsarbeit/presse/pm-20170721-bfv-bitkom-vorstellung-studie-wirtschaftsspionage-sabotage-datendiebstahl

Wassmann, H.: (2018): Spezielle Sozialgesetzgebung für die Soziale Arbeit. Studienbrief SRH Fernhochschule, Riedlingen

ZDF (2019): Rote Spitzel – China und die Industriespionage. In: Zdf.de. Unter: https://www.zdf.de/dokumentation/zdfinfo-doku/rote-spitzel-china-und-die-industriespionage-102.html